달빛전선 이상 없다

2024

# 달빛전선 이상 없다

김해인 시집

사이재

## 시인의 말

내가 성전에 산다고 하면
사람들은
달빛한옥마을에 사냐고 묻는다

나는 달빛한옥마을에 살지 않고
예수님이 두 팔 벌리고 계시는
성전성당 건너편
파크빌에 살고 있다

사람들은 내가
마땅히
달빛한옥마을에 살아야 하는 걸로
생각하는 것 같다

눈시울이 뜨거워진다,
괜히

2024년 봄
일속산방一粟山房에서
작시치作詩痴 김해인

## 차례

# 달빛전선 이상 없다

시인의 말

## 1부

자화상 13
시 14
시조 15
근황 16
지구별 17
고희의 강 18
몽돌 19
싸리꽃 20
갈대 21
고드름 22
눈꽃 23
윤슬 24
황홀한 달빛 25
눈 그친 대숲에서 26

## 2부

솔개 29

조개 30
소라 31
알락꼬리마도요 32
구름 33
영랑과 현구 34
까치집 35
새매 36

## 3부

겨울 고성사 39
겨울 백련사 40
겨울 옥련사 41
겨울 무위사 42
겨울 월남사 43
겨울 정수사 44
겨울 금곡사 45
겨울 남미륵사 46
겨울 옴천사 47
겨울 수양사 48
백운동원림 49
금서당 50

## 4부

백금포 53

백금포항 54

영포 55

강진농창 56

석빙고 57

호안둑 58

가을 억새 59

목리 60

남포 61

초지 62

평동 63

탑동 64

서문 65

동문 66

## 5부

달마지마을과 달빛한옥마을 69

달마지마을과 달빛한옥마을 70

달빛한옥마을 - 솟대 72

달빛한옥마을 74

달빛한옥마을 76

달빛한옥마을 78

달빛한옥마을 80

달빛한옥마을 82

달빛한옥마을 - 달빛전망대 84

달빛한옥마을 - 능소화 86

달빛한옥마을 88
달빛한옥마을 90
달빛한옥마을 92
달빛한옥마을 94
달빛한옥마을 95

# 1부

## 자화상

내가
언어를
싯돌 삼을 리 없고

언어가
나를
싯돌 삼아 이리 됐나

내 몸이
닳아진 것을
모르고 살다니

# 시

꼬리가
아홉 달린
여우임에 틀림없다

시인이란
미끼로
사람들을 홀린다

시인이
밥 먹여주지
아니해도, 덥석 무니

# 시조

1

시조가 물오를 때 거침없이 써야지

너무 오래 끌면 그르치기 마련이니

어깨에
힘이 실리면
시조가 안 풀려

2

모난 언어도 멀리해야 하고

무딘 언어도 멀리해야 하나

나라고
촌철살인을
꿈꾸지 말란 법이

# 근황

1

순진한 내 맘에도 들지 않는 내가

순진한 누군가의 맘에는 들까

함부로
나서지 말아야지,
지뢰밭 따로 없어

2

총대 메야 하나 메지 말아야 하나

휘슬 불어야 하나 불지 말아야 하나

고희의
강을 건너는
나의 과제인 걸

# 지구별

1

별들의 구설수에 오른 지 오래다

별들의 뒷담화에 시달린 지 오래다

結束은
저리 가라고
전쟁을 일삼으니

2

햇빛전선은 이상이 없다, 다행히

달빛전선도 이상이 없다, 다행히

해와 달
등 돌리지 않으면
살아남을 것이다

*결속結束

# 고희의 江

1

마침내 고희의 강을 눈앞에 둔 내가

만감이 교차한다는 말을 뱉지 않는 건

喜壽의
강에 비하여
별로 깊지 않기에

2

깊든 얕든 고희의 강을 무사히 건너려면

내 앞에 역풍 아닌 순풍을 만나려면

죽으면
죽으리다를
멀리해야 하나

* 희수喜壽: 77세

# 몽돌
 - 정도리에서


몽돌끼리
부딪쳐도
아무런 문제 없네

한쪽으로
쏠렸다가
제 자리로 돌아오니

몽돌이
일사불란으로
대처할 줄이야

## 싸리꽃
### - 고희

싸리꽃은
무성한데
멧돼지가 안 보여야

내 생의
육칠장을
포기하긴 너무 일러

언젠가
나타나겠지,
모란, 단풍과 함께

# 갈대

나에게
이명이
화무십일홍은저리가라인 갈대가

나에게
이명이
일사분란인 갈대가

은유가
따로없다며
눈빛으로 속삭이네

# 고드름
### - 겨울 무위사

극락보전
처마에
고드름이 태어나려고

대적광전
처마에
고드름이 태어나려고

먼 길을
달려왔구나,
사려 깊은 눈발이

## 눈꽃


햇빛의
밥이 되어
바닥에 떨어질지라도

그야말로
이보다
좋을 수가 없는 것은

태생이
흑수저 아닌
금수저이기에, 좌우지간

윤슬
  - 눈 그친 뒤


눈밭
여기저기에서
보석이 반짝거린다

못 말리는
내 손가락이
보석을 붙들자

보석이
달아나 버린다,
나도 모르는 곳으로




* 윤슬이 따로 없다. 눈이 물방울로 변하는 과정에서 햇빛과 만나 반짝인다. 눈슬이란 제목을 붙이려다 윤슬이라 하였다.

## 황홀한 달빛

영랑의 시
'황홀한 달빛'이
바로 윤슬이다

마냥
내가 붙들고
늘어진 윤슬이다

윤슬을
몰랐을 리가,
잘나간 영랑이

## 눈 그친 대숲에서
  - 영랑생가

1

대나무는 어느 새  눈을 털어버렸으나

동백나무는  여전히 눈을 이고 있어야

누가 더
내공이 센가
따지지 말아야지

2

대나무가 눈을 털어 낸 게 아니라

대나무가 눈을 이기지 못한 것을

모든 게
해석이다가
그냥 태어날 리가

# 2부

# 솔개

하늘에서
군림하는
저 새가 뭘 노리나

희생양이
필요하지,
주린 배를 채워 줄

누구도
잔인하다는
말을 뱉은 적 없어

## 조개
  - 명사십리


하루에
두 차례
바다가 오르락내리락하네

이유가
뭔지
누구에게 물어보지

조개와
놀기 위해서나,
모래사장에서 기다리는

# 소라

소라가
조개 보고
산다고 해야 하나

조개가
소라 보고
산다고 해야 하나

자존심
상하는 말이
따로 있는 게 아닌데

# 알락꼬리마도요

이름도
웃긴
이름인 게 사실이고

생긴 것도
웃기게
생긴 게 사실이여도

절대로
내색하지 말하야지,
역풍 맞기 십상이니

# 구름

떠돌이
구름이라고
생각이 없을 리가

日月星辰
못지않게
생각이 깊고 많아

구름이
물을 만나면
雲水衲子로 태어나잖아

*일월성신日月星辰
*운수납자雲水衲子

## 영랑과 현구

1

영랑을 생각하면 눈시울이 뜨거워지고

현구를 생각해도 눈시울이 뜨거워지고

냉전의
희생양으로
생을 앞당기다니

2

현구가 영랑 못지않다는 말은 돼도

현구가 영랑보다 낫다는 말은 안 돼

현구를
시문학으로
이끈 이가 영랑이니

## 까치집
  - 눈 오는 날


감나무에
당당하게
자리잡은 까치집을

빈집이라고
눈발이
그냥 지나칠 리가

장독에
고봉밥 못지않게
밥이 담기겠지

# 새매

솔개는
고공인데
새매는 저공이여

피냄새가
날 것이다,
이제 머지않아

누구를
봐줄 생각이
머리에 없다, 아예

3부

## 겨울 고성사
- 눈 오는 날


가슴으로
달려들던
강진만이 지워지니

눈을
지그시 감고
생각에 잠겨야

눈으로
볼 수 없을 땐
마음으로 보는 것을

## 겨울 백련사
― 눈 오는 날

내리는
눈발이
앞바다를 지우니

딴 생각이
더 나는 건
무슨 연유일까

세상에
시들지 않는
백련사가 흔들리다니

# 겨울 옥련사
### - 눈 오는 날

한눈에
보이던
강진이 지워져도

전각들
누구도
투덜대지 않는다

내공이
막강한 것을,
분별심은 물론이고

## 겨울 무위사
　- 눈 오는 날


극락보전
처마가
낳은
고드름 좀 봐

대적광전
처마가
낳은
고드름 좀 봐

누구 게
더 반반한가,
가리기가 거시기해야

## 겨울 월남사
 - 첫눈


반반한
대웅보전이
어리둥절하는 사연을

山戰水戰
다 겪은
삼층석탑이 잘 알지

눈발은
첫 경험이니
당황할 수밖에

## 겨울 정수사
 - 폭설


천개산
계곡물은
다들
입을 봉해도

정수사
염불소리는
그칠 줄 모르네,
전혀

폭설에
길 잃은 짐승들이
방향을 잡으라고

# 겨울 금곡사
### - 눈 오는 날

눈발에
흔들릴
밀적금강이 아니다

눈발에
흔들릴
나라연금강이 아니다

금강문
하나만으로
잘나가는 금곡사

*금강문: 지붕없는 석문을 가리킨다.

## 겨울 남미륵사
### - 눈 오는 날

내리는
눈발이
미륵인지도 몰라

모래알만큼
많은
부처가 있듯이

미륵이
따로 없다면
저 눈발이 바로……

## 겨울 옴천사
- 눈 오는 날


옴천사가
누구인지
알고 달려 왔나

옴천사가
누구인지
모르고 달려 왔나

눈발을
맞이하느라
정신없는 옴천사

## 겨울 수양사
### - 눈 오는 날

아담한
대웅전이
눈발을 뒤집어쓴다

입을 봉한
연못에
눈발이 뛰어든다

눈발 속
내다보는 건
컹컹, 개 짓는 소리

## 백운동원림
- 폭설


아무
생각 없이
내리는 게 아니다

십이승경을
맛보려고
내린다, 저 눈발이

딴 사람
눈은 속여도
내 눈은 못 속인다




* 십이승경十二勝景: 다산과 그의 제자가 쓴 열두 편의 시를 가리킨다. 옥판봉玉板峰, 산다경山茶經, 백매오百梅塢, 취미선방翠微禪房, 모란체牧丹砌, 창하벽蒼霞壁, 정유강貞蕤岡, 풍단楓壇, 정선대停仙臺, 홍옥폭紅玉瀑, 유상곡수流觴曲水, 운당원篔簹園

## 금서당琴書堂


금서당琴書堂을 금서당禁書堂으로 오독할 수 있겠다

알고도 금서당禁書堂이라 장난칠 수 있겠다

가만히
귀 기울이면
거문고 소리가……

# 4부

## 백금포
  - 일제강점기


1

백금포는 누구를 중심으로 돌았나

김충식과 차종채를 중심으로 돌았나

아니다
쌀과 소금을
중심으로 돌았다

2

잘나간 백금포를 누가 갖고 놀았나

뻔뻔한 게다들이 갖고 논 것 같은데

잘나간
강진농창이
갖고 놀았을 수도……

## 백금포항

백금포항이
제방으로
다시 태어났다

살신성인은
백금포항을
두고 하는 말이다

제방의
반석이 된 걸
아는 이 많지 않다

## 영포

영덕과
백금포가
어깨동무하여 태어났다

자존심
상할 때가
한두 번이 아니다

잘나간
백금포만 찾으니,
잊을 때가 됐는데도

## 강진농창

잘나간 건
사실이여도
맘이 편했을 리가

자신을
갖고 논 게
게다이니, 누가 봐도

목숨을
부지하다니,
수탈의 상징으로

## 석빙고


석빙고를 두고 하는 말이다, 반반하다는

석빙고를 두고 하는 말이다, 늠름하다는

강진에
석빙고라니

못 말리는
강진

## 호안둑

호안둑이 은혜를 입은 이는 김충식이다

호안둑이 은혜를 입은 이는 차종채다

누구도
부정하지 못할
분명한 사실이다

# 가을 억새

1

제 몸뚱일 흔들어 바람을 만든다

갈대만 못하다 해도 노하지 않는다

억새는
하고 싶은 일
다 하고 다닌다

2

學而時習을 가까이해서 머리가 하얘졌나

논어를 가까이했을 리가 만무한데

억새가
바로 으악새다,
짝사랑에 출연한

# 목리
### - 초지

목리
목리 하면
목니가 되고 만다

목니
목니 하면
몽니가 되고 만다

오독을
할 수가 있다,
목리를 몽니로

## 남포


강진역과 동고동락하게 생겼다, 뜬금없이

강진역과 의기투합하게 생겼다, 뜬금없이

갈대밭
덕을 보더니
기차 덕도 보다니

* 강진역: 주소는 목리에 속하나 남포와 가깝다.

# 초지
 - 목리


남진의
'임과 함께'에
출연한 적이 있다

남진은
초지의
홍보대사가 맞다

남진과
의기투합한
세월이 이따만하다

# 평동
  － 눈 온 뒤


그 많던
까마귀 떼는
다 어디로 갔나

그 많던
기러기 떼는
다 어디로 갔나

들판이
좁아든 것이
이유라면 이유이지

# 탑동

영원히 지지 않는 모란으로 잘나간다

경향각지 길들의 발자국꽃이 무성하다

잘나간
영랑의 덕을
단단히 볼 줄이야

# 서문

강진읍에서 가장 잘나가는 마을이다

桑田碧海는 서문을 두고 하는 말이다

좌우간
동네 팔자도
모를 일이다, 마냥

*상전벽해桑田碧海

# 동문

사의재를
입양한
동문매반가 덕을 본다

늦둥이
강진미술관,
다산청렴연수원 덕도 본다

다산이
유배와 가지고
팔자를 고치다니

# 5부

## 달마지마을과 달빛한옥마을

꽃으로 말하면 달마지마을은 달맞이꽃이다

꽃으로 말하면 달빛한옥마을도 달맞이꽃이다

낮에도
시들지 않는
달맞이꽃, 둘 다

달마지마을과 달빛한옥마을이 옥신각신할 수도 있다

서로 안 붙어 있어 그나마 다행이다

좌우간
무상인 달빛을
서로 차지하겠다고

## 달마지마을과 달빛한옥마을


1

달마지마을은
월각산이
뒤에서 밀어 주고

달빛한옥마을은
월출산이
뒤에서 밀어 주고

전통과
개인의 재능을
중시하고, 둘은 다

2

달마지마을은
달빛한옥마을을
부러워하지 않고

달빛한옥마을은

달마지마을을
부러워하지 않고

둘은 다
부동이화의
달인 중의 달인이여

## 달빛한옥마을
  - 솟대

1

솟대의
木雁이
뭘 먹고 버티나

물어보나
마나
달빛이 아니겠나

밤이면
누구도 몰래
달에 다녀올 수도

2

달에
다녀오는 게
분명하다, 한밤중에

지금

시치미 떼는
솟대의 木雁이

그 무슨
재미로 버티겠나,
달에 가지 않는다면

* 목안木雁: 나무 기러기

## 달빛한옥마을

1

월남사가
다시
태어났다고 하여

월출산의
사랑이
줄어드는 게 아녀

뒤에서
밀어주지 않아도
잘나갈 걸, 혼자서도

2

월출산만
뒤에서
밀어주는 게 아녀

다시

태어난
월남사도 밀어줘

이보다
좋을 수 없는
달빛한옥마을은 명당이여

## 달빛한옥마을


1

비가
억수로 와도
달빛전선 이상 없다

눈이
펄펄 내려도
달빛전선 이상 없다

저마다
달빛수장고에
달빛이 가득하니

2

달빛수장고만 있는 게
아니라
햇빛수장고도

달빛수장고만 있는 게

아니라
별빛수장고도

저마다
누구도 모르게
마음에 지닌 것을

## 달빛한옥마을

1

늦둥이
달빛한옥마을이
어른이 다 됐다

늦둥이
달빛한옥마을이
무엇이든 잘한다

누구든
잘나가다 보면
질투 받기 십상인데

2

잘나가도
누가
시기하지 않는다

잘나가도

누가
모함하지 않는다

처신의
달인이기에,
능가할 자가 없는

## 달빛한옥마을


1

달빛수장고에
달빛이
가득차 걱정이다

이제
묵은 달빛을
처분해야 한다

오염수
흘려보내듯
귀신, 귀신도 몰래

2

이웃마을에
나눠주려면
비용이 더 든다

달의

눈 밖에 나면
그야말로 끝장이다

저 달을
따돌릴 방법을
간구해야지, 신중하게

## 달빛한옥마을

1

달빛수장고가
어떻게
생겼나, 궁금하겠지

사업가들의
영업비밀처럼
달빛수장고도 비밀이다

누구도
달빛수장고를
본 적 없다, 나 외에는

2

달빛을
아무렇게나
저장한 게 아니다

연도별로

분기별로
저장해 놓았다

달빛을
이용하려고,
비상시에 손쉽게

## 달빛한옥마을
   - 달빛전망대

1

비가
내리는 밤에
머리를 적시는 건

'밤비'란
제목으로
시를 쓸 것 같은데

아무튼
잠 못 이루겠지,
끙끙 뭔가 낳으려고

2

눈이
내리는 밤에
머리에 쌓이는 건

'설야'란

제목으로
시를 쓸 것 같은데

좌우간
잠 못 이루겠지,
끙끙 뭔가 낳으려고

## 달빛한옥마을
- 능소화

1

걸출한
달빛한옥마을은
능소화가 대세다

그중에
달빛미소
능소화가 으뜸이다

그밖에
별바라기 능소화도
달빛미소 못지않다

2

경향각지
길들의
발길을 붙드는 건

바닥에

떨어진
처연한 능소화다

동백만
모감지째가
아니고, 능소화도










*달빛미소, 별바라기는 민박집 이름이다.

# 달빛한옥마을

1

달빛한옥마을이
누구에게
빚진 적이 없다

달빛한옥마을이
누구에게
원한 산 적도 없다

원칙을
벗어나지 않으니,
얼굴 내민 이래

2

달빛한옥마을은
이미
따뜻하고 배부르니

두 집 내고

살려고
바동거리는 이웃들의

자리를
넘본 적이 없다,
더 잘나가겠다고

## 달빛한옥마을

달빛한옥마을이
나를
알아줄 리가 없다

달빛한옥마을이
나를
알아볼 리가 없다

자신을
내가 노래한 걸
달빛한옥마을이 모른다

달빛한옥마을은
언제나
생각에 잠겨 있다

나 같은
작시치作詩痴는
아예 안중에 없다

우연히

알게 되면 몰라도
나를 밝힐 필요가……

* 작시치作詩痴: 시 쓰는 바보

## 달빛한옥마을


1

내가
달빛한옥마을에
꽂힌 건 사실이나

그렇다고
달빛한옥마을이
나에게 꽂힐 리가

둘 사이
염문이 싹트는 건
불가능한 일인가

2

내가
달빛한옥마을을
붙들고 늘어지면

달빛한옥마을이

나에게
감동을 먹겠지

염문이
싹트는 것은
시간문제가 아니겠나

## 달빛한옥마을

1

강진 지역구이면 말을 안 꺼낸다

전남 지역구이면 말을 안 꺼낸다

전국구
전국구이기에
말을 꺼낸다, 내가

2

외모는 일사분란 전통을 중시하고

내면은 부동이화 개성을 중시하고

언제나
경향각지 길들을
정장으로 맞이하네

## 달빛한옥마을

1

누구에게 뒤통수 맞은 적이 없다면

자신의 발등을 찍은 적이 없다면

대단히
성공한 삶인데
달빛한옥마을은 어떤가

2

아무리 들여다봐도 약점이 안 보여

아무리 들여다봐도 허점이 안 보여

머리가
비상하기에
흠집을 안 남긴다

사의재 정형시선 12

## 달빛전선 이상 없다

1판 1쇄 인쇄일 | 2024년 2월 1일
1판 1쇄 발행일 | 2024년 2월 5일

지은이　　김해인
펴낸이　　신정희
펴낸곳　　사의재
출판등록　2015년 11월 9일　제2015-000011호
주소　　　목포시 보리마당로 22번길 6
전화　　　010-2108-6562
이메일　　dambak7@hanmail.net
ⓒ 김해인, 2024

ISBN 979-11-6716-096-6 03810

지은이와 출판사의 동의 없이 이 책의 내용 중 전체 또는 일부를 인용하거나 발췌하는 것을 금합니다.

표지 그림: dreaming tree 명상의 공간(화가 정정복)

값 12,000원